AF406740

اروندھتی رائے کے تین خطبات

جمع و ترتیب:

اعجاز عبید

ISBN 978-93-5872-992-4

9 789358 729924

© تعمیر پبلی کیشنز

کتاب	:	ارون دھتی رائے کے تین خطبات
جمع و ترتیب	:	اعجاز عبید
صنف	:	غیر افسانوی نثر
ناشر	:	تعمیر پبلی کیشنز (حیدرآباد، انڈیا)
سالِ اشاعت	:	۲۰۲۴ء
صفحات	:	۴۲
سرورق ڈیزائن	:	تعمیر ویب ڈیزائن

فہرست

(۱)   جنتر منتر کا خطاب   6

(۲)   معرکۂ محبت اور سرفروشی کی تمنا   13

(۳)   سی فیرن ہول لیکچر   31

جنتر منتر کا خطاب

[ہندوستان کی معروف ناول نگار اور مفکر ارون دھتی رائے نے اتوار یکم مارچ 2020 کے روز دہلی کے جنتر منتر میں ایک مجمع سے خطاب کیا اور دہلی میں جاری مسلم نسل کُشی پر بات کی۔ ان کی تقریر انگریزی ویب سائٹ پر پڑھی جاسکتی ہے۔ بد قسمتی سے اس خطاب کی ویڈیو تلاش بسیار کے باوجود نہیں مل سکی۔ اسی تقریر کا اردو ترجمہ یہاں پیش کیا جارہا ہے۔-]

[مزید نوٹ: ارون دھتی رائے کے مضامین کا ایک مجموعہ بعنوان "آزادی" ستمبر 2020ء میں شائع ہوا ہے جس میں یہ تقریر بھی شامل ہے۔-]

پیارے دوستو، کامریڈو اور میرے ساتھی قلمکارو!

یہ جگہ جہاں ہم آج اکٹھے ہوئے ہیں اُس جگہ سے تھوڑی ہی دور ہے جہاں چار روز قبل ایک فاشسٹ ہجوم، جو حکمران جماعت کے نمائندوں کی تقاریر سے مشتعل تھا، جسے پولیس کی پشت پناہی اور فعال مدد حاصل تھی، جسے الیکٹرانک میڈیا کے ایک بڑے حصے کی چوبیس گھنٹے مدد کا یقین تھا، نیز اس بات کا اطمینان تھا کہ عدالتیں ہر گز اس کی راہ میں حائل نہ ہوں گی، نے شمال مشرقی دہلی کی سفید پوش آبادی کے مسلمانوں پر ایک مسلح اور

قاتلانہ حملہ کیا۔

اس حملے کی بُو پہلے ہی فضا میں موجود تھی، لہٰذا لوگ کسی قدر تیار تھے، اور انھوں نے اپنا بچاؤ کیا۔ مارکیٹیں، دکانیں، گھر، مسجدیں اور گاڑیاں جلائی گئیں۔ گلیاں پتھروں اور ملبے سے بھری پڑی ہیں۔ ہسپتال زخمیوں اور مرتے ہوئے لوگوں سے بھرے ہوئے ہیں۔ سرد خانے لاشوں سے اٹے ہوئے ہیں۔ ان میں ایک پولیس والے اور انٹیلی جنس بیورو کے ایک نوجوان اہلکار سمیت مسلمان اور ہندو دونوں شامل ہیں۔ جی ہاں۔ دونوں طرف کے لوگوں نے خوفناک بربریت کے ساتھ ساتھ ناقابلِ یقین جرأت اور ہمدردی کا بھی مظاہرہ کیا ہے۔

تاہم، یہاں کسی قسم کی برابری ہو ہی نہیں سکتی۔ اس سے یہ حقیقت نہیں بدل سکتی کہ حملہ ایک ایسے گنوار ہجوم نے شروع کیا تھا جو "جے شری رام" کے نعرے لگا رہا تھا اور جسے اس کھلم کھلا فاشسٹ ریاست کے کل پرزوں کی پشت پناہی حاصل تھی۔ ان نعروں کے باوجود، لوگ ہندو مسلم "دنگے" کو اس نام سے موسوم نہیں کرتے۔ یہ فاشسٹ اور اینٹی فاشسٹ کے درمیان جاری جنگ کا ایک مظہر ہے - جن میں مسلم عوام فاشسٹ "دشمنوں" میں سے سرِ فہرست ہیں۔

اسے ایک فساد یا ایک "دنگا"، یا "لیفٹ" بمقابلہ "رائٹ"، یا حتیٰ کہ "صحیح" بمقابلہ "غلط" قرار دینا بھی، جیسا کہ بہت سے ایسا کر بھی رہے ہیں، خطرناک اور گمراہ کن ہو گا۔

ہم سب نے وہ ویڈیوز دیکھی ہیں کہ پولیس والے جلاؤ گھیراؤ کے وقت پاس کھڑے ہیں اور بعض اوقات تو اس میں حصہ بھی لے رہے ہیں۔ ہم نے انھیں سی سی ٹی وی کیمرے توڑتے ہوئے دیکھا، عین اسی طرح جیسے انھوں نے 15 دسمبر کو جامعہ ملیہ اسلامیہ کی لائبریری پر حملہ کرتے وقت توڑے تھے۔ ہم نے دیکھا کہ وہ ایک دوسرے

پر گرے ہوئے زخمی مسلمانوں کو مار رہے ہیں اور انھیں قومی ترانہ گانے پر مجبور کر رہے ہیں۔ ہمیں معلوم ہے کہ ان نوجوانوں میں سے ایک دم توڑ گیا ہے۔ تمام مقتولین، زخمی اور تباہ حال لوگ، مسلم وہندو وہر دو نریندر مودی کے دورِ حکومت کا شکار ہیں، ہمارے کھلم کھلا فاشسٹ وزیرِ اعظم کہ خود جن کے اپنے بارے میں اب یہ بات ڈھکی چھپی نہیں رہی کہ وہ اس ریاست کے سربراہ تھے جس میں 18 سال قبل کئی ہفتوں تک اس سے بھی بڑے پیمانے پر خون کی ہولی کھیلی جاتی رہی۔

آئندہ کئی برسوں تک اس جلاؤ گھیر اؤ کے خد و خال کا مطالعہ کیا جاتا رہے گا۔ لیکن مقامی تفصیل محض تاریخی ریکارڈ کا معاملہ بن کر رہ جائے گی کیونکہ سوشل میڈیا پر جو نفرت آمیز افواہوں کی لہریں پیدا ہو رہی ہیں وہ اردو گرد پھیلتی جا رہی ہیں اور ہم ابھی سے فضا میں مزید خون کی بُو سونگھ سکتے ہیں۔ اگرچہ شمالی دہلی میں کوئی اموات نہیں ہوئیں، لیکن کل (29 فروری) وسطی دہلی میں لوگوں کے ہجوم کو وہی نعرے لگاتے دیکھا گیا جو پہلے بھی حملوں پہ منتج ہوئے تھے: "دیش کے غداروں کو، گولی مارو سالوں کو"۔

صرف چند روز پرانی بات ہے کہ دہلی کی ہائی کورٹ کے جج، جسٹس مُرلی دھرن، دہلی پولیس پر خفاہ ور ہے تھے کہ اس نے بی جے پی کے سابقہ امیدوار برائے ایم ایل اے کپل مشرا کے خلاف کوئی کار روائی کیوں نہیں کی کہ اُس نے بھی اس نعرے کو انتخابی نعرے کے طور پہ استعمال کیا تھا۔ 26 فروری کی شب، جج کو آدھی رات کو حکم ملا کہ پنجاب ہائی کورٹ میں اپنی نئی ذمہ داری سنبھالے۔ کپل مشرا وہی نعرے لگاتا پھر سے گلیوں میں دندنا رہا ہے۔ یہ نعرہ تا حکمِ ثانی استعمال ہوتا رہے گا۔ ججوں کے ساتھ ایسا ہنسی کھیل کوئی نیا نہیں ہے۔ ہمیں جسٹس لویا کی کہانی معلوم ہے۔ شاید ہمیں بابو بجرنگی کی کہانی بھول گئی ہے، جسے 2002ء میں نروڈاپاٹیہ گجرات میں 96 مسلمانوں کے قتل کا مجرم ٹھہرایا گیا تھا۔

اسے یوٹیوب پہ سنیں : وہ بتائے گا کہ کیسے "نریندر بھائی" نے جچوں کے ساتھ "معاملہ" کر کے اسے جیل سے باہر نکالا۔

الیکشن سے قبل اس طرح کی قتل و غارت کی توقع کرنا ہم سیکھ گئے ہیں ۔ یہ گویا بربریت بھری الیکشن مہم بن چکی ہے تا کہ ووٹوں کو قطبایا (polarise) اور انتخابی حلقوں کو اپنے ہاتھ میں کیا جا سکے۔ لیکن دہلی کا قتل عام الیکشن کے کچھ دن بعد ہوا ہے، یعنی بی جے پی ۔ آر ایس ایس کے ذلت آمیز شکست سے دوچار ہونے کے بعد۔ یہ دہلی کی سزا ہے اور بہار کے آئندہ الیکشنوں کے لیے تنبیہ ہے۔

ہر چیز ریکارڈ پر ہے۔ ہر شے ہر آدمی کے لیے دستیاب ہے کہ وہ دیکھے اور سنے ۔ کپل مشرا، پرویش ورما، یونین وزیر انورگ ٹھاکر، اتر پردیش کے چیف منسٹر یوگی آدتیہ ناتھ، وزیرِ داخلہ امیت شاہ اور حتیٰ کہ خود وزیرِ اعظم کی اشتعال انگیز تقاریر۔ لیکن اس کے باوجود سب کچھ یکسر پلٹا کر رکھ دیا گیا ہے ۔ یوں دکھایا جا رہا ہے گویا ہندوستان مکمل طور پہ پُرامن احتجاجیوں کا شکار ہے جن میں سے اکثریت خواتین کی ہے، جن میں سے اکثریت مسلمانوں کی ہے، جو تقریباً 75 دنوں سے، لاکھوں کی تعداد میں، گلیوں میں موجود ہیں تا کہ ترمیمی قانون برائے شہریت کے خلاف احتجاج کر سکیں۔

ترمیمی قانون برائے شہریت، جو غیر مسلم اقلیتوں کو شہریت فراہم کرنے کے لیے تیز ترین راستہ فراہم کرتا ہے، کھلم کھلا غیر آئینی اور کھلم کھلا مسلم دشمن ہے۔ جب یہ آبادی کے قومی کھاتے اور شہریوں کے قومی کھاتے کے ساتھ مل کر آتا ہے تو اس کا مطلب ہے کہ یہ نہ صرف مسلمانوں بلکہ دیگر کروڑوں ہندوستانیوں کو بھی، جن کے پاس مطلوبہ کاغذات نہیں ہیں، غیر قانونی قرار دینے، غیر مستحکم اور مجرم بنانے کے لیے ہے ۔ اور ان میں وہ بھی شامل ہیں جو آج "گولی مارو سالوں کو" کے نعرے لگا رہے ہیں۔

ہماری شہریت پہ سوالیہ نشان ہے، ہر شے پر سوالیہ نشان ہے۔ تمھارے بچوں کے حقوق پر، تمھارے ووٹ کے حق پر، تمھارے زمین کے حق پر۔ جیسا کہ حناہ آرنت نے کہا، "شہریت آپ کو یہ حق دیتی ہے کہ آپ کے بھی حقوق ہوں"۔ اگر کسی کو لگتا ہے کہ ایسا نہیں ہے تو اسے چاہیے کہ آسام کی طرف دھیان دے اور دیکھے کہ وہاں بیس لاکھ لوگوں-ہندوؤں، مسلمانوں، دلتوں، آدیواسیوں کے ساتھ کیا ہوا۔ اب ریاست میگھالیہ میں مقامی قبیلوں اور غیر قبائلی عوام کے مابین جھگڑا شروع ہو گیا ہے۔ شیلونگ میں کرفیو ہے۔ ریاست کی سرحد غیر مقامیوں کے لیے بند ہے۔

ان تینوں قوانین (NPR-NRC-CAA) کا واحد مقصد یہ ہے کہ نہ صرف ہندوستان بلکہ پورے برصغیر کے لوگوں کو غیر مستحکم اور تقسیم کیا جائے۔ اگر وہ لاکھوں ہیولے واقعی کوئی وجود رکھتے ہیں، جنھیں ہندوستان کے موجودہ وزیرِ داخلہ بنگلہ دیشی "دیمک کے کیڑے" قرار دیتے ہیں، تو انھیں قید خانوں میں رکھا جا سکتا ہے اور نہ ہی ملک بدر کیا جا سکتا ہے۔ اس طرح کی لفظیات استعمال کر کے اور اتنے تضحیک آمیز اور شیطنت بھرے منصوبے کی تشکیل سے، یہ حکومت در اصل ان لاکھوں کروڑوں ہندوؤں کو خطرے میں ڈال رہی ہے جو بنگلہ دیش، پاکستان اور افغانستان میں رہتے ہیں اور جن کے متعلق یہ حکومت بظاہر متفکر نظر آنے کی کوشش کرتی ہے، لیکن وہ لوگ نیو دہلی سے پھوٹنے والے اس تعصب کے ردِ عمل کا شکار ہو سکتے ہیں۔

آہ! ہم کہاں آن پہنچے ہیں۔

1947 میں ہم نے استعماری حکومت سے آزادی حاصل کی جس کے لیے تقریباً ہر شخص نے جنگ لڑی سوائے ہمارے موجودہ حکمرانوں کے۔ اس کے بعد سے اب تک کا ہمارا سفر سماجی تحریکوں، نسلیت مخالف جد و جہد، سرمایہ داری مخالف جد و جہد، حقوقِ

نسواں کی جد وجہد سے معمور ہے۔

1960 کی دہائی میں، جد و جہدِ انقلاب انصاف کے حصول، دولت کی تقسیمِ نو اور حکمران طبقے کو اتار پھینکنے کے لیے تھی۔

1990 کی دہائی تک آتے آتے، ہم ان لاکھوں لوگوں کی دربدری کے خلاف لڑنے تک محدود ہو کر رہ گئے تھے جنہیں ان کی زمینوں اور دیہاتوں سے نکال دیا گیا تھا اور جو اُس نئے ہندوستان کی تعمیر میں کھیت رہے جس کے اندر ہندوستان کے صرف 63 امیر ترین لوگ 120 کروڑ لوگوں کے سالانہ بجٹ سے زیادہ دولت رکھتے ہیں۔

اور نوبت یہ آ گئی ہے کہ اب ہم ان لوگوں سے شہری ہونے کے حق کے لیے لڑ رہے ہیں جن کا اس ملک کی تعمیر سے کوئی لینا دینا نہیں ہے۔ اور جب ہم اس کے لیے لڑ رہے ہیں تو ہم دیکھ رہے ہیں کہ ریاست نے ہماری حفاظت سے ہاتھ کھینچ لیا ہے، ہم دیکھتے ہیں کہ عدلیہ اپنے فرض سے بتدریج دستبردار ہوتی جا رہی ہے، ہم دیکھ رہے ہیں کہ میڈیا کا مقصد تو یہ ہوتا ہے کہ وہ عیاشوں کو مشکل میں ڈالے اور بد حالوں کا سہارا بنے لیکن وہ عین اس کے خلاف کر رہا ہے۔

جموں اور کشمیر کو اس کی خصوصی حیثیت سے غیر آئینی طور پہ محروم ہوئے آج 210 واں دن ہے۔ تین سابقہ چیف منسٹروں سمیت ہزاروں کشمیری تب سے جیل میں ہیں۔ ستر لاکھ لوگوں کو ورچوئل انفارمیشن سے محروم کر دیا گیا ہے جو انسانی حقوق کی اتنے بڑے پیمانے پر خلاف ورزی کی انوکھی مثال ہے۔ 26 فروری کو، دہلی کی گلیاں سرینگر کی گلیاں معلوم پڑتی تھیں۔ یہ وہ دن تھا جب سات مہینوں میں پہلی بار کشمیری بچے سکول گئے۔ لیکن یہ کیسا سکول جانا ہے کہ جب آپ کے گرد موجود ہر شے کی سانس بتدریج بند ہو رہی ہو۔

ایک جمہوریہ جس پر آئین کی حکمرانی نہ رہی ہو اور جس کے ادارے کھلے کر دیے گئے ہوں وہ صرف اکثریت کی ریاست بن کر رہ کررہ جاتی ہے۔ آپ کلی یا جزوی طور پہ آئین سے اتفاق یا اختلاف کر سکتے ہیں ۔ لیکن اس طرح بروئے کار آنا کہ گویا یہ وجو د ہی نہ رکھتا ہو، جیسا کہ یہ حکومت کر رہی ہے، جمہوریت کو مکمل طور پہ تباہ کر دیتا ہے۔ غالباً مقصد بھی یہی ہے۔ یہ ہمارا کرونا وائرس ہے۔ ہم بیمار ہیں۔

دور دور تک کوئی سہارا نظر نہیں آرہا۔ نہ کوئی ہمدرد ملک، نہ اقوام متحدہ۔

اور کوئی بھی سیاسی جماعت جو الیکشن جیتنے کا ارادہ رکھتی ہو وہ اخلاقی موقف اختیار نہیں کرے گی یا ایسا کرکے جانبر نہیں رہ سکتی۔ کیونکہ اس راہ میں ہر طرف آگ ہے۔ نظام ناکام ہو رہا ہے۔

ہمیں ضرورت ہے ایسے لوگوں کی جو غیر مقبول ہونے کے لیے تیار ہوں۔ جو خود کو خطرے میں ڈالنے کے لیے تیار ہوں۔ جو سچ بولنے پر آمادہ ہوں۔ بہادر صحافی ایسا کر سکتے ہیں، اور وہ کر بھی رہے ہیں۔ بہادر وکلاء ایسا کر سکتے ہیں، اور وہ کر بھی رہے ہیں۔ اور فنکار ۔ خوبصورت، ذہین، بہادر قلمکار، شاعر، موسیقار، مصور اور فلمساز ایسا کر سکتے ہیں۔ خوبصورتی ہمارے ساتھ کھڑی ہے۔ ساری کی ساری۔

ہمارے پاس کرنے کو بہت کام ہے اور جیتنے کے لیے ایک دنیا ہے۔

☆☆☆

معرکۂ محبت اور سر فروشی کی تمنا

خطاب: ارون دھتی رائے

ترجمہ: کبیر علی

[30 جنوری 2021ء کو معروف ناول نگار اور دانشور ارون دھتی رائے نے ایلگر پریشاد کے منچ پر ایک تقریر کی۔ انگریزی میں لکھی گئی اس تقریر کا متن انھوں نے شائع کروا دیا البتہ منچ پر سامعین کی سہولت کے لیے اس کا ہندی ترجمہ کروا کر پڑھا جو بہت کچھ ٹوٹا پھوٹا تھا۔ ہندوستان میں جاری کسان احتجاج کو ایک وسیع تر منظر نامے میں سمجھنے کے لیے یہ گفتگو نہایت سود مند ہو سکتی ہے۔ انگریزی متن انٹرنیٹ سرچنگ کے ذریعے حاصل کیا جا سکتا ہے۔ اسی طرح اس تقریر کی ویڈیو بھی انٹرنیٹ پر موجود ہے۔ مترجم]

میں ایلگر پریشاد 2021ء کے منتظمین کا شکریہ ادا کرتی ہوں کہ انھوں نے مجھے اس فورم پہ گفتگو کے لیے مدعو کیا کہ جس روز روہت ویمولا کی بتیسویں سالگرہ ہونا تھی اور فتح معرکۂ بھیما کوریگاؤں 1818ء کا دن بھی۔ وہ جگہ یہاں سے زیادہ دور نہیں جہاں برطانوی فوج کے تحت لڑنے والے مہار دستوں نے پیشوا سلطان باجی راؤ دوم کو شکست دی تھی جس کی رعیت میں مہار اور دلت ذاتیں بے رحمانہ ظلم کا شکار تھیں اور ایک مذہبی فریضہ سمجھ کر نا قابلِ بیان طریقوں سے ان کی تحقیر کی جاتی تھی۔

مجھے اجازت دیجئے کہ میں اس منچ سے دیگر مقررین کے شانہ بشانہ کھڑی ہو کر کسان احتجاج کی حمایت کر سکوں جو ان تین کسان قوانین کی فوری تنسیخ کا مطالبہ کر رہا ہے جو کروڑوں کسانوں اور زراعت سے منسلک مزدوروں کے گلے میں گھیسٹرے گئے ہیں اور انھیں سڑکوں پر لے آئے ہیں۔ آج ہم دورانِ احتجاج ہونے والی اموات پر اپنے غم و غصے کا اظہار کرنے کو جمع ہوئے ہیں۔ دہلی کی سرحدوں پر صورتحال، جہاں دو ماہ سے کسان پرامن دھرنا دیے ہوئے ہیں، تناؤ اور خطرے کی طرف بڑھ رہی ہے۔ تحریک میں پھوٹ ڈالنے اور اس کی ساکھ خراب کرنے کے لیے ہر ممکن چال اور اشتعال انگیزی استعمال کی جا رہی ہے۔ اب ہمیں، پہلے سے بھی زیادہ، کسانوں کے ساتھ کھڑے ہونا ہو گا۔ ہم یہاں ان درجنوں سیاسی قیدیوں (بشمول ان کے جنھیں بھیما کوریگاؤں 16 کہہ کر پکارا جا رہا ہے) کی رہائی کے مطالبے کے لیے بھی جمع ہوئے ہیں جنھیں مضحکہ خیز الزامات لگا کر سفاک یو اے پی اے - ٹیرر قوانین کے تحت گرفتار کیا گیا ہے۔ ان میں سے بہت سے محض کامریڈ نہیں ہیں بلکہ میرے ذاتی دوست بھی ہیں جن کے ساتھ میں نے قہقہے لگائے ہیں، چہل قدمی کی ہے اور اکٹھے کھانے کھائے ہیں۔ کوئی آدمی، حتیٰ کہ شاید خود گرفتار کرنے والے بھی، یہ یقین نہیں رکھتا کہ یہ لوگ ان فرسودہ جرائم میں ملوث ہیں جن کا ان پر الزام ہے یعنی وزیرِ اعظم کے قتل کی منصوبہ سازی۔

ہر کوئی جانتا ہے کہ یہ لوگ اپنی دانشورانہ صراحت اور اخلاقی جرات کی وجہ سے جیل میں ہیں اور ان دونوں خواص کو یہ حکومت ایک نمایاں خطرہ تصور کرتی ہے۔ نا موجود ثبوتوں کی خانہ پُری کے لیے بعض ملزموں کے خلاف فردِ جرم کئی ہزار صفحات پہ پھیلائی گئی ہے۔ کسی بھی منصف کے لیے انھیں پڑھنے کے لیے ہی کئی سال کا وقت درکار ہو گا، ان پر کوئی فیصلہ سنانا تو بعد کی بات ہے۔

ایک خطروں بھری تجویز

ان تھوپے گئے الزامات کے خلاف اپنا دفاع اتنا ہی مشکل ہے جتنا کہ ایک ایسے شخص کو جگانا جو سونے کا ناٹک کر رہا ہو۔ ہم سیکھ گئے ہیں کہ ہندوستان میں عدالتی ازالہ جوئی پر تکیہ کرنا ایک خطرناک تجویز ہے۔ خیر یہ کب اور کہاں ہوا ہے کہ عدالتوں نے ایک بار بھی فسطائیت کی لہر کو پلٹایا ہو؟ ہمارے ملک میں قوانین کا نفاذ من بھاتا ہوتا ہے اور جس کا انحصار آپ کی کلاس، ذات،، لسانی شناخت، مذہب، جنس اور سیاسی نظریات پر ہوتا ہے۔ لہذا جب ایک طرف شعراء، پادری، طلباء، سماجی کارکن، اساتذہ اور وکلاء جیل میں ہیں تو دوسری طرف ہزاروں لوگوں کے قاتل، عادی ہتیارے، دن دہاڑے ہجوم گردی کرنے والے غنڈے، بدنام جج، زہریلے ٹی وی میزبان نہایت معقول معاوضہ پاتے ہیں اور اونچے مناصب کی آرزو رکھ سکتے ہیں، حتیٰ کہ سب سے اونچے منصب کی بھی! (اشارہ وزارتِ عظمیٰ کی طرف ہے۔ مترجم)

کوئی اوسط ذہانت کا آدمی بھی اس پیٹرن کو دیکھے بغیر نہیں رہ سکتا جو دلال اشتعالیوں نے 2018ء کی بھیما کوریگاؤں ریلی اور 2020ء کے شہریت (مخالف) ترمیمی قانون اور اب کسانوں کے احتجاج کی ساکھ خراب کرنے اور اسے سبوتاژ کرنے کے لیے مستقل استعمال کیا۔ انھیں حاصل تحفظ چیخ چیخ کر یہ بتا رہا ہے کہ موجودہ دورِ حکومت میں یہ کس حمایت کے مزے لوٹتے ہیں۔ میں آپ کو دکھاؤں گی کہ کس طرح یہ پیٹرن عشروں تک دہرائے جانے کے نتیجے میں یہ لوگ طاقت میں آئے ہیں۔ اب جبکہ صوبائی انتخابات سر پر ہیں، ہم خوف سے منتظر ہیں کہ مغربی بنگال کے لوگوں کے مقدر میں کیا لکھا ہے۔ پچھلے دو برسوں میں کارپوریٹ میڈیا کی جانب سے ایلگر پریشاد کو بہ طور ایونٹ اور بہ طور ادارہ

بے پناہ بدنامی اور شیطان سازی کا سامنا ہے۔ ایلگر پریشاد: بہت سے عام لوگوں کے ذہن میں ان دو لفظوں کو سن کر مشکوک انقلابیوں –دہشت گردوں، جہادیوں، شہری نکسل باڑیوں، دلت سیاہ چیتوں - کی تصویر ابھرتی ہے جو ہندوستان کو تباہ کرنے پر تلے ہوئے ہیں۔ اس بدالقابی، خطرے، خوف اور پریشانی کے ماحول میں اس نشست کا محض انعقاد ہی بہت حوصلے اور جرأت کا کام ہے جسے سلام پیش کیا جانا چاہیے۔ یہاں منچ پر موجود ہم تمام لوگوں پہ لازم ہے کہ جہاں تک ممکن ہو ہم بے باکی سے بات کریں۔

قریباً تین ہفتے قبل 06 جنوری کو ہم نے دیکھا کہ ایک بڑا ہجوم کنفیڈریٹ جھنڈے، ہتھیار، سولیاں، صلیبیں اٹھائے اور اونی کپڑے و شاخدار سینگ پہنے امریکی کیپیٹول پر پل پڑا، میرے ذہن میں یہی خیال آیا کہ، "دھت تیرے کی، ہمارے ملک میں تو ہم پہلے ہی اس ہجوم کے بھائی بندوں کی رعایا ہیں جنہیں نے ہمارا کیپیٹول ہل ہتھیا لیا ہے۔ وہ جیت گئے ہیں۔" وہ ہمارے اداروں پہ چڑھ دوڑے ہیں۔ ہمارے حکمران ان روز ہمارے سامنے نئے نئے اونی لباس اور شاخدار سینگ پہنے ظاہر ہوتے ہیں۔ ہمارا پسندیدہ امرت گائے کا پیشاب ہے۔ وہ ہمارے ملک کے تمام جمہوری اداروں کو کامیابی سے تباہ کرتے جا رہے ہیں۔ امریکہ تو شاید کنارے سے پلٹ کر ایک سامراجی 'معمولہ 'نما قائم کرنے میں کامیاب ہو گیا ہے۔ لیکن یہاں ہندوستان میں ہم صدیوں پرانے ماضی میں دھکیلے جا رہے ہیں جس سے چھٹکارے کے لیے ہم نے اتنی جدوجہد کی تھی۔

یہ ہم نہیں ہیں - یہاں ایلگر پریشاد میں اکٹھے ہونے والے متشدد یا انتہا پسند نہیں ہیں۔ یہ ہم نہیں ہیں جو غیر قانونی اور غیر آئینی طریقے سے عمل کر رہے ہیں۔ یہ ہم نہیں ہیں جنھوں نے ان قتلِ عام سے صرف نظر کیا یا کھلم کھلا حمایت کی جن میں ہزاروں مسلمان مارے گئے۔ یہ ہم نہیں ہیں جو چپ چاپ تماشا دیکھتے رہے جبکہ شہر کی گلیوں میں

دلتوں کو کھلے عام مارا جارہا تھا۔ یہ ہم نہیں ہیں جو لوگوں کو ایک دوسرے کے خلاف بھڑکا رہے ہیں اور نفرت و تقسیم کے ذریعے حکومت کر رہے ہیں۔ یہ کام وہ لوگ کر رہے ہیں جنھیں ہم نے اپنی حکومت کے طور پہ منتخب کیا ہے اور ان کی پروپیگنڈہ مشین کر رہی ہے جو خود کو میڈیا کہتی ہے۔

بھیما کوریگاؤں کے معرکے کو دو سو سال ہو گئے۔ انگریز چلے گئے، مگر استعمار کی ایک شکل جو ان سے صدیوں پرانی ہے ابھی تک باقی ہے۔ پیشوا چلے گئے مگر پیشوائی- برہمنیت- نہیں گئی۔ برہمنیت، یہاں کے سامعین کو تو وضاحت کی ضرورت نہیں لیکن دوسرے ناواقف لوگوں کو بتاتی چلوں کہ برہمنیت وہ اصطلاح ہے جسے ذات-مخالف تحریک جاتی-ویوستا (ذات پات کا نظام) کے لیے تاریخی طور پہ استعمال کرتی آئی ہے۔ اس سے مراد صرف براہمن نہیں ہوتے۔ برہمنیت گویا ایک مرمت کدے میں رہی ہے، اور ایک جدید جمہوری نما لفظیات کا جامہ پہنے بر آمد ہوئی ہے اور ذات پات کے نئے تنظیمی مینویل اور پروگرام (نیا نہیں، بلکہ مرمت شدہ) لائی ہے جس نے ان دلت-بہو جن لوگوں کی سرکردگی میں چلنے والی سیاسی جماعتوں کے لیے وجودی چنوتی پیدا کر دی ہے جو کبھی کچھ امید کا باعث ہوا کرتی تھیں۔

اور اس وقت، اکیسویں صدی کی برہمنیت کے لیے منتخب واہن (گاڑی) شدید دائیں بازو کی براہمن کنٹرولڈ راشٹریہ سیوک سنگھ ہے جس نے ایک صدی کی انتھک محنت کے بعد اپنے معروف ترین رکن نریندر مودی کی صورت میں دہلی میں حکومت سنبھالی ہے۔

کارپوریٹ طبقہ

بہت سے لوگ، جن میں خود کارل مارکس بھی شامل تھا، یہ یقین رکھتے تھے کہ جدید

سرمایہ داری ہندوستان میں ذات پات کے نظام کو ختم یا کم از کم کمزور کر دے گی۔ کیا اس نے کیا؟ دنیا بھر میں سرمایہ داری نے اس امر کو یقینی بنایا ہے کہ دولت کم سے کم ہاتھوں میں مرتکز رہے۔ ہندوستان میں 63 امیر ترین لوگ 130 کروڑ سے زائد لوگوں کے لیے پیش کیے گئے 2018-19 کے یونین بجٹ سے زیادہ دولت رکھتے ہیں۔ ایک حالیہ آکسفام تحقیق سے معلوم ہوا کہ ہندوستان میں کرونا وبا کے دوران جبکہ لاک ڈاؤن کے دوران کروڑوں لوگ نوکری سے ہاتھ دھو بیٹھے (اپریل 2020ء میں ہر گھنٹے ایک لاکھ ستر ہزار لوگ بے روزگار ہو رہے تھے) ہندوستان کے ارب پتیوں کی دولت میں 35 فیصد اضافہ ہوا۔ ایک سو امیر ترین لوگوں (ہم انھیں کارپوریٹ طبقہ کہہ لیتے ہیں) نے اتنی دولت کمائی کہ، اگر وہ چاہتے تو، ہندوستان کے پونے چودہ کروڑ غریب ترین لوگوں میں سے ہر فرد کو ایک لاکھ روپے دیے جاسکتے تھے۔ ایک مرکزی اخبار کی شہ سرخی میں اس خبر کو یوں بیان کیا گیا: "کرونا سے گہری ہوتی ہوئی عدم مساوات: دولت، تعلیم، جنس"۔ اس رپورٹ اور اس شہ سرخی میں ایک لفظ کم ہے یعنی ذات پات۔

سوال یہ ہے کہ یہ چھوٹا سا کارپوریٹ طبقہ – جو بندر گاہوں، کانوں، گیس کے کنووں، ریفائنریوں، ٹیلی کمیونیکیشن، تیز رفتار ڈیٹا اور سیل فون کے نیٹ ورکس، جامعات، پیٹرو کیمیکل پلانٹس، ہوٹلوں، ہسپتالوں، کھانے کے مراکز اور ٹیلی ویژن کیبل نیٹ ورکس کا مالک ہے – کیا یہ طبقہ بھی، جو واقعتاً ہندوستان کا مالک و منتظم ہے، کسی ذات کا حامل ہے؟

بہت حد تک اس کا جواب 'ہاں' میں ہے۔ ہندوستان کی بہت سی بڑی کارپوریشنز خاندانی ملکیت ہیں۔ کچھ کے نام ہم یہاں بیان کرتے ہیں: ریلائنس انڈسٹریز (مکیش امبانی)، اڈانی گروپ (گوتم اڈانی)، آرسیلر متل (لکشمی متل)، او-پی جندل گروپ

(ساوِتری دیوی جندل)، بِرلا گروپ (کے -ایم برلا)۔ یہ سب لوگ خود کو ویش یعنی تاجر ذات سے بتاتے ہیں۔ یہ محض خدائی عائد کردہ فرض ادا کر رہے ہیں یعنی دولت کما رہے ہیں۔

کارپوریٹ میڈیا کی ملکیت اور ان کے مدیروں، کالم نگاروں اور سینئر صحافیوں کی ذات کے بارے میں ہونے والے تجرباتی مطالعات بتاتے ہیں کہ کس طرح مراعات یافتہ ذاتیں (زیادہ تر برامہن اور بنیے) خبروں (حقیقی اور جعلی ہر دو قسم) کی تشکیل اور ترسیل کے کام پر قبضہ کیے ہوئے ہیں۔ دلت، آدیواسی اور اب تیز رفتاری سے مسلمان بھی اس سارے منظر نامے سے تقریباً غائب ہیں۔ بڑی اور چھوٹی عدالتوں، سول سروسز کے اونچے عہدوں، فارن سروسز، چارٹرڈ اکاؤنٹوں کی دنیا، یا پھر تعلیم، صحت، صحافت میں پُر کشش نوکریوں، یا سرکاری حلقوں میں کہیں بھی صورتحال اس سے مختلف نہیں ہے۔ جبکہ برامہنوں اور ویشوں کی تعداد آبادی کے دس فیصد سے بھی کم ہے۔ ذات پات اور سرمایہ داری نے باہمی عمل سے ایک نہایت تباہ کن اور خصوصی ہندوستانی خواص کا حامل مرکب تیار کیا ہے۔

وزیرِ اعظم مودی، جو کانگریس جماعت کی موروثی سیاست پہ حملے کرتے نہیں تھکتے، ان کارپوریٹ خاندانی-بادشاہتوں کی حمایت و بڑھوتری میں پوری طرح سے یکسوہیں۔ وہ پالکی بھی جس کی چلمن کے پیچھے مودی براجمان ہیں، اچھے بُرے سے قطع نظر، بہر حال ویش و برامہن کی خاندانی ملکیتوں میں چلنے والی کارپوریٹ میڈیا سلطنتوں کے کندھوں ہی پر ٹکی ہوئی ہے۔ مثال کے طور پہ دی ٹائمز آف انڈیا، ہندوستان ٹائمز، انڈین ایکسپریس، دی ہندو، انڈیا ٹوڈے، دینِک بھاسکر، دینِک جاگرن وغیرہ۔ ریلائنس انڈسٹریز کے پاس 27 چینلوں کے منتظمانہ حصص ہیں۔ میں نے "چلمن کے پیچھے بیٹھنے" کا لفظ اس لیے

استعمال کیا کیونکہ مودی نے اپنے قریباً سات سالہ دور میں کبھی پریس سے براہِ راست خطاب نہیں کیا۔ ایک بار بھی نہیں۔

جب ایک طرف ہم عوام کے ذاتی ڈیٹا کی مائننگ اور ہماری پتلیوں کی اسکیننگ ہو رہی ہے، کارپوریٹ دنیا کے لیے ایک چشم بند نظام لایا گیا ہے تاکہ اسے موعودہ کامل وفاداری پیش کی جائے۔ 2018ء میں ایک انتخابی بانڈ منصوبہ متعارف کروایا گیا تھا جس میں یہ اجازت دی گئی تھی کہ نامعلوم لوگ سیاسی جماعتوں کو ڈونیشن بھیج سکتے ہیں۔ پس اب ہمارے پاس ایک حقیقی، ادارہ جاتی، سختی سے ہوا بند پائپ لائن موجود ہے جس میں دولت اور طاقت کارپوریٹ اور سیاسی اشرافیہ کے مابین گردش کرتی رہتی ہے۔ پھر ہمیں اس پر زیادہ حیران نہیں ہونا چاہیے کہ بھارتیہ جنتا پارٹی دنیا کی امیر ترین سیاسی جماعت ہے۔

اور اس سے بھی کم حیرانی اس بات پر ہونی چاہیے کہ جبکہ ایک طرف یہ چھوٹی سی طبقہ-ذات اشرافیہ عوام کے نام پر اور ہندو نیشنلزم کے نام پر اس ملک پر اپنی گرفت مضبوط تر کرتی جاتی ہے، تو دوسری طرف اس نے لوگوں کے ساتھ، بشمول اپنے ووٹروں کے، ایک دشمن طاقت کا سلوک شروع کر دیا ہے کہ جس سے معاملہ کرنے، چالبازی سے قابو کرنے، گرفت میں لانے، اچانک جا پکڑنے، سختی سے حملہ کرنے اور آہنی ہاتھوں سے نمٹنے کی ضرورت ہے۔ ہمیں گھاتی اعلانات اور غیر قانونی قوانین کی قوم بنا دیا گیا ہے۔

تباہ کن اعلانات

نوٹ بندی نے راتوں رات معیشت کی ریڑھ مار دی۔

جموں و کشمیر میں آرٹیکل 370 کی تنسیخ ستر لاکھ لوگوں کے لیے مہینوں پہ مشتمل

ناگہانی عسکری و ڈیجیٹل محاصرے پہ منتج ہوئی (انسانیت کے خلاف ایک ایسا جرم جو ہمارے نام پر کیا گیا) اور پوری دنیا نے یہ عمل دیکھا۔ ایک سال بعد، غیر معمولی عزیمت کے حامل لوگ آزادی کے لیے اپنی جدوجہد جاری رکھے ہوئے ہیں باوجود یکہ کشمیر کے جسم اجتماعی کی ہر ہڈی پے بہ پے سرکاری ظلم کے نتیجے میں ٹوٹ چکی ہے۔

صریحاً مسلم دشمن ترمیمی قانون برائے شہریت اور شہریوں کے قومی کھاتے کا نتیجہ یہ نکلا کہ مسلم خواتین مہینوں تک احتجاج کرتی رہیں۔ اس کا خاتمہ شمال مشرقی دہلی میں ہونے والے مسلم قتلِ عام پر ہوا، جس میں خدائی فوجداروں نے جلتی پہ تیل ڈالا اور جسے پولیس دیکھتی رہی اور جس کا الزام مسلمانوں پر ڈال دیا گیا۔ سیکڑوں نوجوان مسلمان مرد، طلبا اور ایکٹیویسٹ بشمول عمر خالد، خالد سیفی، شرجیل امام، میران حیدر، نتاشا نروال اور دیونگنا کالیتا کے جیل میں ہیں۔ احتجاجوں کو یوں پیش کیا جاتا ہے گویا یہ اسلامی جہادی منصوبے ہوں۔

جو خواتین شاہین باغ کے شاندار دھرنے، جو ملک بھر میں ہونے والی مزاحمت کی ریڑھ کی ہڈی تھا، کا ہر اول دستہ تھیں، ان کے بارے میں ہمیں بتایا گیا کہ وہ تو "صنفی-آڑ" کے طور پہ استعمال ہو رہی تھیں، اور آئین سے کیے جانے والے عوامی مطالبات، جو قریباً ہر احتجاجی مقام پر کیے گئے تھے، یہ کہہ کر رد کر دیے گئے کہ یہ تو "سیکولر-آڑ" ہیں۔ نتیجہ یہی نکلتا ہے کہ مسلمانوں سے متعلق ہر شے ایک خود کار طرز پہ "جہادی" (یہ اصطلاح غلط طور پہ دہشت گردی کے کنائے کے طور پہ استعمال ہوتی ہے) ہے اور یہ کہ اس کے علاوہ ہر شے محض تفصیلات ہے۔

جن پولیس والوں نے شدید زخمی مسلم مردوں کو قومی ترانہ گانے پہ مجبور کیا، جبکہ وہ سڑک پر ایک دوسرے پہ اٹے پڑے تھے، ان پہ مقدمہ کرنا تو دور کی بات ان کی

شناخت تک نہیں ہوئی۔ زخمیوں میں سے ایک بعد ازاں چل بسا جس کے گلے میں ایک محب وطن پولیس لاٹھی گھسیٹی گئی تھی۔ اِس ماہ وزیرِ داخلہ نے دہلی پولیس کو "دنگوں" سے نبرد آزما ہونے پر مبارک باد دی۔

اور اب قتلِ عام کے ایک ایک سال بعد، جبکہ مجروح کمیونٹی سنبھلنے کی کوشش کر رہی ہے، بجرنگ دَل اور وشواہندو پریشاد اعلان کر رہے ہیں کہ وہ ایودھیا میں، انھی گلیوں میں جہاں قتلِ عام ہوا، رام مندر کی تعمیر کے لیے راتھ یاترا اور موٹر سائیکل پریڈ کر کے چندہ جمع کریں گے۔

ہمیں گھاٹی لاک ڈاؤن کا بھی سامنا کرنا پڑا یعنی جب محض چار گھنٹے کے نوٹس پہ 130 کروڑ سے زائد عوام کو محصور کر دیا گیا۔ لاکھوں شہری مزدوروں کو گھر جانے کے لیے ہزاروں کلومیٹر پیدل چلنے پر مجبور کیا گیا اور ساتھ ہی ساتھ انھیں مجرموں کی طرح پیٹا بھی گیا۔

ایک طرف وبا بڑھ رہی تھی تو دوسری طرف، ریاست جموں و کشمیر میں سٹیٹس تبدیلی کے ردِعمل کے طور پہ، چین نے لداخ میں ہندوستانی علاقے کے کچھ حصوں پر قبضہ کر لیا۔ ہماری بیچاری حکومت کو یہ ظاہر کرنے پر مجبور کیا گیا کہ یہ قبضہ ہوا ہی نہیں۔ کوئی جنگ ہوتی ہے یا نہیں، منفی نمو کی حامل معیشت اپنے ہزاروں سپاہیوں کو مسلح اور جنگ کے لیے ہمہ وقت تیار رہنے کے لیے پیسہ صرف کرتی رہے گی۔ منفی درجہ حرارت میں بہت سے سپاہیوں کی جانیں تو محض موسم ہی کی نذر ہو جائیں گی۔

ان تھوپے گئے مصائب کے بعد اب ہمیں تین کسان قوانین کا بھی سامنا ہے جو ہندوستانی زراعت کی کمر توڑ دیں گے، سارا کنٹرول کارپوریشنز کے ہاتھ میں دے دیں گے اور کسانوں کو کسی بھی قانونی چارہ جوئی سے صاف روک دیں گے، ان کے آئینی حقوق کا تو

ذکر ہی کیا۔

یہ سب کچھ دیکھنا ایسا ہی ہے جیسے ہم ایک گاڑی کو پرزے پرزے ہوتے دیکھیں، اس کا انجن ٹوٹتے، اس کے پہیے الگ ہوتے، اس کی نشستیں بکھرتے، اور اس کا ڈھانچہ ہائی وے پہ پڑا دیکھیں جبکہ دوسری گاڑیاں، جن کے ڈرائیوروں نے اونی لباس اور شاخدار سینگ نہیں پہنے ہوئے، قریب سے گزرتی جائیں۔

اجتماعی اظہارِ غضب

یہی وجہ ہے کہ ہمیں اس ایلگری کی شدید ضرورت ہے - اس مستقل، اجتماعی، مزاحمتی اظہارِ ناراضی کی - برہمنیت کے خلاف، سرمایہ داری کے خلاف، اسلاموفوبیا کے خلاف، پدرسریت کے خلاف۔ پدرسریت جو ان سب کے اندر موجود ہے - کیونکہ اگر مَرد خواتین کو کنٹرول نہیں کرتے یا نہیں کر سکتے، تو انھیں معلوم ہے کہ وہ کچھ بھی کنٹرول نہیں کر سکتے۔

جبکہ وبا پھیل رہی ہے، جبکہ کسان سڑکوں پر ہیں، بی - جے - پی کے زیرِ انتظام صوبوں میں تبدیلیٔ مذہب مخالف قوانین پھرتی سے منظور کیے جا رہے ہیں۔ میں ان کے متعلق کچھ بات کرنا چاہتی ہوں کیونکہ یہ اس تشویش کے سمجھنے میں بہت مددگار ہیں جو اس حکومت کو ذات پات کے متعلق، مردانگی کے متعلق، مسلمانوں اور عیسائیوں کے متعلق، محبت، خواتین، ڈیموگرافی اور تاریخ کے متعلق لاحق ہے۔

یوپی کا انسدادِ غیر قانونی تبدیلیٔ مذہب آرڈیننس 2020ء (جسے عرفِ عام میں لَو - جہاد مخالف قانون کہا جاتا ہے) بمشکل ایک مہینہ پرانا ہے۔ محض اتنے عرصے میں ہی کئی شادیاں برباد کی جا چکی ہیں، خاندانوں کے خلاف مقدمات درج کیے جا چکے ہیں، اور

در جنوں مسلم مَرد جیلوں میں ہیں۔ لہذا اب سے، بڑا گوشت کھانے پر ہجومی موت کا نشانہ بننے کے ساتھ ساتھ جو انھوں نے نہیں کھایا، گائے کشی پر جو انھوں نے ذبح نہیں کی، جرائم پر جو انھوں نے نہیں کیے (اگرچہ مسلمانوں کا قتل اب بتدریج ایک مجرمانہ فعل تصور کیا جانے لگا ہے)، ان لطیفوں پر جیل جانے کے ساتھ ساتھ جو انھوں نے نہیں بنائے (ملاحظہ ہو نوجوان کامیڈین منور فاروقی کیس) اب مسلمانوں کو محبت میں مبتلا ہونے اور شادی کرنے کے جرم میں بھی جیل جانا پڑ اکرے گا۔

اس آرڈیننس کے متعلق اپنی رائے کو میں کچھ سوالات کی صورت میں سامنے لانا چاہتی ہوں مثلاً یہ کہ آپ "مذہب" کی تعریف کس طرح کریں گے؟ کیا وہ شخص جس نے کسی مذہبی آدمی کو ملحد بننے پر آمادہ کیا وہ بھی مقدمے کا سزاوار ٹھہرے گا؟

یوپی کے آرڈیننس' 2020ء میں لکھا ہے کہ "برائے انسدادِ غیر قانونی تبدیلیٔ مذہب بذریعہ گمراہ کن ترجمانی، طاقت، نامناسب دباؤ، زبردستی، لالچ یا دھوکہ دہی یا بذریعہ شادی۔۔۔" لالچ کی تعریف میں تحائف، خوشیاں، اچھی شہرت کے سکولوں میں مفت تعلیم، یا پھر ایک بہتر زندگی کے وعدے شامل ہیں (جبکہ یہ قریباً وہی باتیں ہیں جو ہندوستان میں قریباً ہر ارینج شادی میں ملحوظِ خاطر رکھی جاتی ہیں)۔

ملزم (وہ شخص جو تبدیلیٔ مذہب کا باعث بنتا ہے) کو ایک سے پانچ سال قید کی سزا ہو سکتی ہے۔ الزام لگانے والا کوئی بھی رکنِ خاندان حتیٰ کہ دور کا رشتے دار بھی ہو سکتا ہے۔ بارِ ثبوت ملزم کے سَر ہو گا۔ عدالت ازالے کے طور پہ ملزم کے اثاثوں سے "متاثرہ" شخص کو پانچ لاکھ روپے تک دِلوا سکتی ہے۔ آپ اندازہ کر سکتے ہیں کہ اس سارے نظام سے بھتے اور بلیک میل کے لامحدود امکانات پیدا ہوں گے۔

سب سے دلچسپ حصہ تو یہ ہے: اگر متاثرہ شخص ایک نابالغ، خاتون، شیڈیولڈ ذات کا

رکن، یا شیڈیولڈ قبیلے کا رکن ہے تو ملزم کو ملنے والی سزا دو گنا ہو جائے گی یعنی دو سے دس سال تک کی قید۔ دوسرے لفظوں میں یہ آرڈیننس خواتین، دَلتوں اور آدیواسیوں کو ایک نابالغ کے مساوی سمجھتا ہے۔ یہ ہم سب کو نابالغ باور کرتا ہے: ہمیں ہمارے فیصلوں کے لیے ذمے دار بالغ نہیں سمجھتا۔ یوپی حکومت کی نظر میں صرف اونچی ذات کا ہندو مَرد ہی صحیح معنوں میں بااختیار قرار پاتا ہے۔

یہ وہی جذبہ ہے جس کے تحت ہندوستانی چیف جسٹس نے پوچھا تھا کہ خواتین (جو کئی حوالوں سے ہندوستانی زراعت کی ریڑھ کی ہڈی ہیں) کو کسان احتجاجوں میں کیوں "رکھا" گیا ہے۔ اور مدھیہ پردیش کی حکومت نے تجویز پیش کی کہ وہ ملازم پیشہ خواتین جو اپنے خاندانوں کے ساتھ نہیں رہتیں خود کو تھانوں میں رجسٹرڈ کروالیں تاکہ پولیس انھیں ان کی حفاظت کے واسطے زیرِ نگرانی رکھ سکے۔

ذات پات سے متعلق تشویش

اگر مدر ٹریسا زندہ ہوتیں تو اس آرڈیننس کے تحت انھیں ضرور جیل کی ہوا کھانی پڑتی۔ میرا اندازہ ہے کہ دس سال قید اور عمر بھر کا جرمانہ۔ اگر ان لوگوں کی تعداد دیکھی جائے جنھیں انھوں نے عیسائی کیا۔ یہ سزا غریب ہندوستان میں کام کرنے والے ہر عیسائی پادری کا مقدر ہوتی۔

اور اس شخص کو بھی ملتی جس نے کہا تھا کہ :

"چونکہ ہم بد قسمتی سے خود کو ہندو کہتے ہیں لہذا ہمارے ساتھ ایسا سلوک ہوتا ہے۔ اگر ہم کسی دوسرے مذہب کے ماننے والے ہوتے تو کوئی ہمارے ساتھ یہ سلوک کرنے کی جرأت نہ کرتا۔ کوئی بھی ایسا مذہب اختیار کر لیجئے جو آپ کو برابری کا مقام اور سلوک

مہیا کرے۔ اب ہم اپنی غلطی کو سدھاریں گے۔"

آپ میں سے بہت سے جانتے ہوں گے کہ یہ بابا صاحب امبیڈکر کے الفاظ ہیں۔ اس میں صریح لفظوں میں بڑے پیمانے پر ایسی تبدیلیِ مذہب کی دعوت دی گئی ہے کہ جس میں ایک بہتر طرزِ زندگی کا وعدہ کیا گیا ہو۔ اس آرڈیننس کے تحت، جس میں "بڑے پیمانے کی تبدیلیِ مذہب" کی تعریف کچھ یوں کی گئی ہے "جب دو یا دو سے زیادہ لوگوں کا مذہب تبدیل کروایا جائے"، امبیڈکر کے الفاظ انھیں مجرم بنا ڈالیں گے۔ غالباً مہاتما پھولے کو بھی سزا ملے گی کیونکہ انھوں نے اِن الفاظ کی صورت میں بڑے پیمانے کی تبدیلیِ مذہب کی کھلی حمایت کی تھی:

"مسلمانوں نے، مکار آریا بھٹوں کی کندہ حجری مورتیوں کو تباہ کرتے ہوئے انھیں زبردستی غلام بنا لیا اور ان کے پنجوں سے بڑی تعداد میں شودروں اور اَتی شودروں کو چھڑایا اور انھیں مسلمان بنایا، انھیں مسلم مذہب میں شامل کیا۔ نہ صرف یہ، بلکہ ان کے ساتھ ایک ہی دستر خوان پہ طعام کو فروغ دیا اور ان کے ساتھ باہمی شادیاں کیں اور انھیں برابری کے تمام حقوق دیے۔۔۔"

برِصغیر کی آبادی میں موجود کروڑوں سکھ، مسلمان، عیسائی، اور بدھوں کی اکثریت اس بات کا بیّن ثبوت ہے کہ ایک تاریخی تبدیلی اور بڑے پیمانے کی مذہب بدلی ہوئی تھی۔ "ہندو آبادی" میں تیز رفتار کمی ہی وہ امر تھا جس کے نتیجے میں اونچی ذات کے ہاں ڈیموگرافی کے بارے میں تشویش پیدا ہوئی اور اس نے اس سیاست کو جنم دیا جسے آج ہندوتوا کہا جاتا ہے۔

تاہم آج، جبکہ آر-ایس-ایس طاقت میں ہے، یہ لہر پلٹ گئی ہے۔ اب بڑے پیمانے پر صرف وہی تبدیلیِ مذہب ہو رہی ہے جسے وِشوا ہندو پریشاد منعقد کروا رہی ہے

(اس عمل کو "گھر واپسی" کا نام دیا گیا ہے) اور جسے انیسویں صدی کے اواخر میں اصلاح پسند ہندو گروہوں نے شروع کیا تھا۔ گھر واپسی میں جنگل میں رہنے والے قبیلہ باسیوں کو ہندو دھرم میں "لوٹانا" بھی شامل ہے۔ لیکن یہ عمل شدھی (تطہیر) کی رسم سے پیشتر انجام نہیں دیا جائے گا تا کہ "گھر" سے بھٹکے رہنے کے دوران چمٹ جانے والی آلائشوں کو دھویا جا سکے۔

یوپی کا آرڈیننس اس تبدیلیٔ مذہب سے کیسے معاملہ کرے گا کیونکہ منطق کے حساب سے تو یہ عمل بھی مجرمانہ قرار پائے گا؟ اس میں ایک شق شامل کی گئی ہے جس کے مطابق: "اگر بالفرض، کوئی مرد / عورت ایک ایسا مذہب قبول کرتی / کرتا ہے جس پہ وہ موجودہ مذہب سے قبل ایمان رکھتا تھا تو اس کی مذہب بدلی اس آرڈیننس کے تحت مذہب بدلی قرار نہیں پائے گی"۔

اس طرح یہ آرڈیننس اس اسطورے کو جاری رکھتا ہے نیز اسے قانونی بناتا ہے کہ ہندوازم ایک قدیم مقامی مذہب ہے جو بر صغیر کے سیکڑوں مقامی قبائل اور دَلتوں اور دراوڑوں کے مذاہب سے قبل موجود تھا اور وہ اسی سے نکلے ہیں۔ یہ بات غلط اور غیر تاریخی ہے۔

اساطیر بطور تاریخ

ہندوستان میں، یہ وہ طریقے ہیں جن کے ذریعے اساطیر کو تاریخ اور تاریخ کو اساطیر بنایا جاتا ہے۔ اونچی ذات کے تذکرہ نگاروں کو اس میں کچھ تضاد دکھائی نہیں دیتا کہ وہ یہ بیک وقت مقامی ہونے اور ساتھ ہی ساتھ آریا فاتحین کی نسل سے ہونے کا دعویٰ کر رہے ہیں اور اس کا انحصار اس بات پر ہوتا ہے کہ کس موقع پر کون سا موقف ان کے لیے فائدہ

مند ہے۔ جنوبی افریقہ میں اپنے کیریئر کے آغاز میں گاندھی نے، جبکہ وہ ڈربن ڈاکخانے میں ہندوستانیوں کے لیے الگ دروازہ چاہتے تھے تا کہ انھیں کالے افریقیوں والے دروازے سے داخل نہ ہونا پڑے جنھیں وہ اکثر "کافر" اور "وحشی" قرار دیتے تھے، یہ کہا کہ ہندوستانیوں اور گوروں کا آغاز "ایک ہی مشترک منبع، جسے ہند-آریائی کہا جاتا ہے" سے ہوا۔ انھوں نے اس امر کو یقینی بنایا کہ اونچی ذات کے "مسافر ہندوستانیوں" کو مظلوم ذات کے معاہد مزدوروں سے الگ شمار کیا جائے۔ یہ 1893ء کی بات ہے۔ لیکن یہ سرکس ابھی تک رک نہیں سکی۔

آج یہاں موجود مقررین کا تنوع ایلگر پریساد کی دانشورانہ صلاحیت کا غماز ہے جو یہ دیکھ سکتی ہے کہ ہم سب پر ہونے والا حملہ ہمہ جہت ہے اور اِس طرف یا اُس طرف تک ہی محدود نہیں ہے۔ اس حکومت کو کوئی شے اس سے زیادہ باعثِ مسرت نہیں ہوتی جیسا کہ اس وقت جب ہم خود کو ہوا بند خانوں میں بند کر لیتے ہیں، چھوٹی چھوٹی ہو دیوں میں مقید ہو کر کے پانی میں ادھر ادھر غصے سے چھپاکے مارتے ہیں، اور ہم میں سے ہر ایک اپنی ذات یا پھر اپنی کمیونٹی کے لیے کام کر رہا ہوتا ہے - ہم بڑا منظرنامہ کبھی نہیں دیکھ پاتے اور ہمارا غصہ اکثر ایک دوسرے پر ہی صرف ہو جاتا ہے۔

اپنے متعین تالابوں کے کناروں کو توڑنے کے بعد ہی ہم ایک دریا میں ڈھل پاتے ہیں۔ اور ایک ناقابلِ بند دھارا بن کر بہہ سکتے ہیں۔ اس کام کے لیے ہمیں اپنی بندشوں سے باہر نکلنا ہو گا، ہمیں روہت ویمولا کی طرح خواب دیکھنے کا حوصلہ پیدا کرنا ہو گا۔ وہ آج یہاں ہمارے ساتھ ہے، ہمارے درمیان، ایک پوری نئی نسل کے لیے روشن مثال، موت کے باوجود کیونکہ وہ خواب دیکھتے مرا۔ وہ اس امر پہ اصرار کرتے مرا کہ وہ اپنی انسانیت، اپنی آرزووں اور اپنی دانشورانہ جستجو کو بھرپور طریقے سے شرمندۂ تعبیر کرنے

کا حق رکھتا ہے۔ اس نے بچھڑنے سے ، سکڑنے سے ، اور اپنے لیے تیار کیے گئے سانچے میں ڈھلنے سے انکار کر دیا۔ اس نے ان القابات کو قبول کرنے سے انکار کر دیا جو حقیقی دنیا اس پر تھوپنا چاہتی تھی۔ اسے معلوم تھا کہ وہ خاکِ ستارہ سے کم کسی شے سے نہیں بنا۔ وہ ایک ستارہ بن چکا ہے۔

اپنی شناختوں سے ماورا

ہمیں ان پھندوں سے محتاط رہنا ہو گا جو ہمیں محدود کرتے اور ہماری پرواز میں کوتاہی لاتے ہیں۔ ہم میں سے کوئی بھی محض اپنی شناختوں کا مجموعہ نہیں ہے۔ ہم وہ بھی ہیں مگر ہم اس سے کہیں زیادہ ہیں۔ جب ہم اپنے دشمنوں کے خلاف مجتمع ہو رہے ہوں، تو ہمیں اپنے دوستوں کی پہچان بھی ہونی چاہیے۔ ہمیں اپنے حامی ضرور تلاش کرنے چاہییں کیونکہ ہم میں سے کوئی بھی یہ جنگ اکیلے نہیں لڑ سکتا۔ پچھلے سال شہریت قانون کے خلاف ہونے والے جراتمندانہ احتجاج اور اب عظیم الشان کسان احتجاج نے یہ بات ثابت کر دی ہے۔ بہت سی کسان تنظیمیں جو اکٹھی ہوئی ہیں مختلف نظریاتی عقائد اور مختلف تواریخ رکھنے والے لوگوں کی نمائندہ ہیں۔ بڑے اور چھوٹے کسانوں میں، زمین دار اور بے زمین زرعی کارکنوں میں، جٹ سکھوں اور مذہبی سکھوں میں، بائیں بازوؤں کی تنظیموں اور مرکز پسند تنظیموں میں گہرے تضادات ہیں۔

ذات پات کے تضادات بھی ہیں اور ذات پات پہ مبنی خوفناک تشدد بھی، جیسا کہ کل بنت سنگھ نے بتایا جس کے دونوں بازو اور ٹانگ 2006ء میں کاٹ ڈالے گئے تھے۔ یہ سارے اختلافات دفن نہیں ہوئے۔ ان پر بات کی گئی ہے۔ جیسا کہ رندیپ مڈوکے نے، جنھیں آج یہاں ہونا تھا، اپنی جراتمندانہ دستاویزی فلم "بے زمین" بنائی۔ لیکن اس سب

کے باوجود، وہ سب مل کر اس صورتحال سے لڑنے آئے ہیں جس کے متعلق ہم جانتے ہیں کہ ایک وجودی جنگ ہے۔

شاید اس شہر میں، جہاں امبیڈکر کو حرفاً بلیک میل کیا گیا کہ وہ پونا ایکٹ پر دستخط کر دیں، اور جہاں جوتیبا اور ساویتری بائی پھولے نے اپنا اپنا انقلابی کام کیا تھا، ہم اپنی جدوجہد کو ایک نام دے سکتے ہیں۔ شاید اس کا نام ستیہ شودھک ریزسٹنس یعنی ایس-ایس-آر (بمقابلہ آر-ایس-ایس) ہونا چاہیے۔

نفرت کے خلاف محبت کی جنگ! محبت کے لیے ایک معرکہ! یہ ضرور سرفروشی کے جذبے سے لڑا اور خوبصورتی سے جیتا جانا چاہیے۔

شکریہ

☆☆☆

سسی فیرن ہول لیکچر

خطبہ : ارون دھتی رائے

ترجمہ : سارنگ

نوٹ : حال ہی میں منظر عام پر آنے والی کتاب "آزادی : وبا کے دور میں فسطائیت، افسانہ، اور خود مختاری" (ناشر : ہے مارکیٹ بکس) کی مصنفہ ارون دھتی رائے نے انیس اپریل، ۲۰۲۲ کو ٹیکساس یونیورسٹی، آسٹن میں خطاب کیا، درج ذیل ترجمہ اسی خطاب کا ہے۔

سہ پہر بخیر، اور میں آپ سب کی شکر گزار ہوں کہ آپ نے مجھے سسی فیرن ہول (Sissy Farenthold) لیکچر کے لئے مدعو کیا۔ اس سے پہلے کہ میں شروعات کروں، میں چند کلمات یوکرین میں چھڑی جنگ کے متعلق کہنا چاہوں گی۔ میں واضح طور پر یوکرین میں روس کی مداخلت کی مذمت کرتی ہوں۔ میں یوکرینی عوام کی بہادرانہ مزاحمت کو خراج تحسین پیش کرتی ہوں۔ میں اُن روسیوں کی جرات کی بھی معترف ہوں جو بہت خطرات مول لے کر سرکاری موقف سے اختلاف کرتے ہیں۔

میں یہ کہتے ہوئے امریکہ اور یورپ کی منافقت، اور دوسرے ممالک میں اسی قسم کی جنگوں سے اچھی طرح واقف ہوں جو ان دونوں نے مسلط کیں۔ دونوں نے مل کر

نیوکلیائی دوڑ کی قیادت کی ہے اور ہتھیاروں کے ذخائر اکٹھے کئے ہیں جو ہمارے سیارے کو کئی بار تباہ کرنے کے لئے کافی ہیں۔ کس قدر ستم ظریفی ہے کہ یہ ہتھیار ان کی ملکیت ہیں اور انہیں مجبور کرتے ہیں کہ وہ بے بسی میں اس ملک کو تباہ و برباد ہوتا دیکھیں جسے وہ اپنا حلیف سمجھتے ہیں؛ ایسا ملک جس کا علاقہ اور لوگ، حتی کہ وجود تک، سامراجی طاقتوں کی جنگی سازشوں اور کبھی ناختم ہونے والے طاقت کے نشے نے خطرے میں ڈال دیا ہے۔

اور اب میں ہندوستان کی طرف متوجہ ہوتی ہوں۔ میں اپنی گفتگو کو ہندوستان میں ضمیر کے قیدیوں کی بڑھتی ہوئی تعداد کے نام کرتی ہوں۔ میں آپ سب سے درخواست کرتی ہوں کہ آپ پروفیسر جی این سائی بابا(G.N. Saibaba)، عالموں، موسیقاروں، سرگرم کارکنان، بھیما کوریگاؤں سولہ (Bhima Koregaon 16) کے نام سے جانے والے وکلا، ترمیم شہریت ایکٹ (Citizenship Amendment Act CAA) کے خلاف احتجاج کرنے والے سرگرم کارکنان کی گرفتاری، اور پانچ مہینے پہلے کشمیر میں گرفتار ہونے والے خرم پرویز کو یاد رکھیں۔ خرم اُن غیر معمولی شخصیات میں سے ایک ہے جن سے میں واقف ہوں۔ وہ اور اس کی تنظیم (Jammu Kashmir Coalition of Civil Society- JKCCS)، جس کے لئے وہ کام کرتا ہے، سالوں سے بے حد تفصیل سے تشدد، جبری گمشدگی، اور کشمیریوں پر مسلط کی جانے والی اموات کا حساب رکھتی آرہی ہے۔ لہذا میری آج کی گفتگو ان سب کے نام ہے۔

ہندوستان میں تمام اختلاف رائے کو جرم قرار دے دیا گیا ہے۔ ابھی کچھ وقت پہلے اختلاف رائے رکھنے والوں کو ملک دشمن کہا جاتا تھا۔ اب ہمیں کھلم کھلا دانشورانہ دہشتگرد کے لقب سے نوازا جاتا ہے۔ ایک بھیانک قانون (Unlawful Activities Prevention Act)، جس کے تحت لوگوں کو کئی کئی سال بغیر عدالتی کاروائی کے قید

رکھا جاتا تھا، میں ترمیم کر دی گئی ہے تاکہ موجودہ حکومت کی اس چبھن کی تسکین ہو سکے جو اسے دانشورانہ دہشتگردی کے ساتھ ہے۔ ہم سب کو ماؤ کے پیروکار (Maoists)، عام زبان میں یعنی شہری نکسل (Urban Naxals)، یا جہادی پکارا جاتا ہے، اور یوں ہم سب پر نشانے باندھ لئے گئے ہیں تاکہ ہم بھرے ہوئے ہجوم یا قانونی ہر آسانی کے لئے جائز شکار بن سکیں۔

مجھے نئی دلی چھوڑے چند دن ہی ہوئے ہیں۔ صرف ان چند دنوں میں ہی وہاں وقوع پذیر ہونے والے واقعات اس بات کی وضاحت کرتے ہیں کہ ہم خطرے کا ایک نشان پار کر چکے ہیں۔ ہم اب ان ساحلوں کی جانب واپس نہیں لوٹ سکتے جنہیں ہم کبھی اپنا کہتے تھے۔

مارچ 2022 میں ہندوستانیہ جنتا پارٹی (BJP) نے دوسری مرتبہ ہندوستان کی سب سے بڑی ریاست اتر پردیش کا الیکشن جیتا۔ اس مسلسل کامیابی کی کوئی نظیر نہیں۔ اتر پردیش کے چناؤ کو مئی 2024 میں ہونے والے عام انتخابات کا "سیمی فائنل" گردانا جا رہا ہے۔ الیکشن مہم میں حصہ لینے والے زعفرانی لباس میں ملبوس گروتھے، جو کھلم کھلا مسلمانوں کے قتل عام اور ان کے معاشی و معاشرتی بائیکاٹ کی دعوت دے رہے تھے۔

ہندوستانیہ جنتا پارٹی (BJP) کی کامیابی بہت عظیم الشان تھی لیکن زمین پر مقابلہ بہت قریب قریب تھا۔ ایسا لگتا ہے کہ انتخابات کے نتائج نے ہندوستانیہ جنتا پارٹی کے کارکنان اور لیڈران میں ایک مخصوص اور عجیب و غریب خوف اور ضرورت سے زیادہ حوصلے کا امتزاج پیدا کر دیا۔ انتخابات کے نتائج کے کچھ ہی دنوں بعد ہندوؤں نے رام نومی کا تہوار منایا جو اس سال رمضان کے مہینے کے ساتھ آیا۔ رام نومی کا تہوار منانے کے لئے تلواروں سے لیس شدت پسند ہندوؤں اور ان کے کارندوں نے لگ بھگ گیارہ شہروں

میں جلوس نکالے۔ سوامیوں اور ہندوستانیہ جنتا پارٹی کے کارکنان کی رہنمائی میں یہ جتھے مسلمانوں کی بستیوں میں داخل ہوئے، مساجد کے باہر نفرت بھڑکاتے رہے، فحش نعرے بلند کرتے رہے، اور مسلم عورتوں کی آبروریزی اور مسلم مردوں کے قتلِ عام کی دعوت دیتے رہے۔

مسلمانوں کی طرف کسی بھی طرح کے ردِ عمل کا نتیجہ حکومت کی طرف سے ان کی جائیداد کا انہدام یا شدت پسندوں کی جانب سے لگائی گئی آگ ہوتا ہے۔ جو گرفتار کئے جاتے ہیں، عموماً مسلمان، ان پر بغاوت اور سازش کا الزام لگایا جاتا ہے اور عین ممکن ہے کہ وہ جیل میں سال ہا سال گزاریں۔ جن پر الزامات لگائے گئے ان میں سے ایک ملزم رام نومی سے بہت عرصہ قبل کسی اور الزام کے تحت جیل میں قید تھا۔ ایک اور ملزم وسیم شیخ ہے، جس پر ہندو پوجا کے دوران پتھر برسانے کا الزام ہے، وہ دونوں ہاتھوں سے محروم ہے۔ حکومت نے ملزمین کے گھروں اور دکانوں کو منہدم کر دیا۔ کچھ شہروں میں پاگل پن کی حد کو پہنچے ہوئے ٹی وی اینکرز (گھروں اور دکانوں کو) منہدم کرنے والے بلڈوزروں میں سوار تھے۔

اسی دوران ہندوستانیہ جنتا پارٹی کے لیڈران، جو ہندو فسادیوں کو 2020 کے دہلی میں ہونے والے قتل عام کے لئے اکساتے رہے، کو دہلی ہائی کورٹ نے یہ کہتے ہوئے بری کر دیا کہ مسکرا کر اکسانا قابل جرم نہیں۔ ان میں سے بیشتر لیڈران دوسرے شہروں کی سڑکوں پر اسی قسم کے تشدد کو بھڑکا رہے ہیں۔ جبکہ عمر خالد، ایک مسلمان سکالر جیل میں ہے۔ ترمیم شہریت ایکٹ کے خلاف احتجاج کے دوران کی گئی اس کی تقریر، جو اس بھائی چارے، محبت اور عدم تشدد کا ذکر کرتی ہے جو ہندوستانی آئین کو مضبوط بناتا ہے، پولیس کی چارج شیٹ کے مطابق، 2020 میں ہونے والے دہلی قتل عام کی سازش کو چھپانے کی

کوشش ہے۔ بظاہر، مسلمانوں نے ڈونلڈ ٹرمپ کے سرکاری دورے کے دوران ہندوستان کے عمدہ نام کو خراب کرنے کی خاطر خود کو مارنے اور قتل عام کی سازش کی۔

اس تمام صورتحال میں وزیراعظم نریندر مودی، جن کے سیاسی سفر کا آغاز گجرات میں بطور وزیراعلیٰ 2002 کے مسلم قتل عام سے ہوا، ایک متاثر کن شخصیت سمجھے جاتے رہے۔ اکثر اوقات خاموش مگر اکثر نفرت انگیز نعروں کی سرپرستی میں مصروف، وہ اُس شدت پسند عوام اور ان کے محترم رہنماؤں کے مسیحا ہیں، جو وٹس ایپ پر مہیا کی جانے والی جعلی تاریخ کی مسلسل خوراک پر پلتی ہے، جو خود کو تاریخی جور و ستم اور مسلمانوں کے ارتکاب کردہ قتل عام کا شکار بتاتی ہے۔ اور اس عوام کے خیال میں اس جور و ستم کا بدلہ ابھی اور اسی جگہ لینا ضروری ہے۔

ہم ایک ایسے خطرناک مقام پر موجود ہیں جہاں ایسے کوئی حقائق یا تاریخی تصورات نہیں جن پر اتفاق رائے کیا جا سکے، اور یہاں تک کے بحث کا آغاز ہو پائے۔ مختلف بیانیے نا تو ایک دوسرے سے متصل ہیں اور نا ایک دوسرے سے میل کھاتے ہیں۔ یہ حقیقی تاریخ اور مفروضوں کا مقابلہ ہے۔ مفروضے ریاستی مشینری، تجارتی اداروں کے سرمائے، اور چوبیس گھنٹے سرگرم رہنے والے ان گنت ٹی وی نیوز چینل کی مدد سے خود کو مؤثر بناتے ہیں۔ مفروضوں کی طاقت اور اثرات لا ثانی ہیں۔ دنیا پہلے بھی اسی مقام سے گزر چکی ہے اور ہم جانتے ہیں کہ جب بحث و دلائل کا خاتمہ ہوتا ہے، گروہ کے زوال کا کا آغاز ہوتا ہے۔

فرض کیجئے کہ آپ کو کیسا محسوس ہو گا اگر آپ کو موت یا قید کے لئے چنا جائے۔ ایک گروہ کے طور پر مسلمانوں کو پہلے ہی الگ تھلگ کر دیا جا رہا ہے، اور معاشی و معاشرتی طور پر ان کا بائیکاٹ کیا جا رہا ہے۔ مسلمانوں پر اکثر محبت جہاد (ہندو عورت کو اپنی محبت

میں گرفتار کر کے مسلم آبادی میں اضافہ کرنے کی سازش کرنا)، کرونا جہاد (اپنی مرضی سے کرونا کی وبا پھیلانا، اسی طرح جیسے نازی یہودیوں پر ٹائی فس بخار کی وبا پھیلانے کا الزام لگاتے تھے)، اور نوکری جہاد (سول سروس میں نوکری حاصل کر کے ہندو نسل پر حکمرانی کی سازش) کا الزام لگایا جاتا ہے؛ اور ابھی خوراک جہاد، فکری جہاد، لباس جہاد، اور ہنسی جہاد کا تو ذکر ہی نہیں ہے۔ (منور فاروقی نامی ایک نوجوان مسلم مزاح نگار کو مہینوں اس مذاق کے الزام میں جیل کاٹنی پڑی جو اس نے کبھی کیا نہیں پر کرنے کا "ارادہ" کیا تھا۔)

معمولی سی بحث یا چھوٹی سی غلطی ایک مسلمان کے لئے جان سے ہاتھ دھونے اور مارنے والے کے لئے انعام و اکرام، پھولوں کے ہار، اور ایک روشن سیاسی مستقبل کا باعث بن سکتی ہے۔ ہم میں سے سب سے زیادہ سنگی اور مضبوط حضرات بھی ایک دوسرے سے سرگوشیوں میں پوچھتے ہیں: کیا وہ (جان لینے والے) ابھی تک تیار ہو رہے ہیں، یا اس سب کی شروعات ہو چکی ہے؟ کیا یہ (شدت پسندی) منظم ہے یا قابو سے باہر ہے؟ کیا یہ (دنگے فساد) بڑے پیمانے پر رونما ہوں گے؟

ہندوستان بطور ملک اور بطور جدید نیشن سٹیٹ صرف اور صرف کثیر زبانوں، مذہبوں، ذاتوں، نسلوں، اور چھوٹی قومیتوں کے درمیان ایک معاشرتی معاہدے کے طور پر وجود رکھتا ہے، جو قانونی طور ایک آئین کے تحت یکجا ہیں۔ ہر ہندوستانی شہری، کسی نا کسی طرح، ایک اقلیت سے تعلق رکھتا ہے۔ ہمارا ملک اس کی اقلیتوں کے درمیان ایک معاشرتی معاہدہ ہے۔ سیاسی اکثریت پیدا کرنے کی کوشش میں اس معاشرتی معاہدے کو ایک مصنوعی طور پر پیدا کی گئی "ہندو ستم زدہ اکثریت" کے ذریعے ختم کیا جا رہا ہے، وہ اکثریت جسے یہ سبق سکھایا جا رہا ہے کہ وہ اس ملک کے اکلوتے شہری، اس قیاسی ہندو قوم کے پہلے وارث، اور ایسی اکثریت ہیں جس کی تعریف یہ ہے کہ وہ ایک "ملک دشمن

گروہ" کی مخالف ہے۔ ہندوستان کو برباد کیا جا رہا ہے۔

ہم میں سے چند لوگ جو اس اقلیتی قوم کا حصہ ہیں اپنی ایک شفاف اور واضح تاریخ لکھ سکتے ہیں جس میں ہم تشدد کے بے گناہ مظلوم کردار ہیں۔ ہماری تواریخ آپس میں ملتی، جڑتی اور جمع ہوتی ہیں۔ یہ (تواریخ) مل کر ہمیں وہ بناتی ہیں جو کہ ہم ہیں۔ ذات، طبقہ، مذہب، نسل، اور جنس کی غالب تقسیم کے علاوہ ہمارا معاشرہ خورد بینی سطح پر بھی درجہ بندی کا شکار ہے۔ یہاں چھوٹے درجے کا نو آبادیاتی نظام، چھوٹے درجے کا استحصال، اور چھوٹے درجے کا ایک دوسرے پر انحصار پایا جاتا ہے۔ اس چادر کا ہر دھاگا شاندار ہے اور مطالعے، بحث، علم و تحقیق، دلیل، اور سوچ بچار کی دعوت دیتا ہے۔ لیکن اس چادر کے محض ایک دھاگے کو الگ کرنا اور اس کی بنیاد پر اجتماعی زیادتی اور قتل عام کی آواز لگانا، کیا یہ جائز ہے؟

جب بر صغیر دو حصوں میں تقسیم ہوا تو سینکڑوں ریاستوں اور راجواڑوں کو، بعض اوقات زبردستی، پاکستان یا ہندوستان کا حصہ بنایا گیا۔ یوں ہزاروں لاکھوں افراد (ہندو، مسلمان، سکھ) ایک دوسرے کے جانی دشمن بن گئے۔ دس لاکھ لوگ مارے گئے۔ کروڑوں افراد ہجرت کرنے پر مجبور ہوئے۔ کسی ایک فرد یا گروہ کی بربادی اور بد قسمتی کی کہانی جس قدر بھی سچ ہو، اگر اس انداز سے سنائی جائے کہ دیگر کہانیوں کو نظر انداز کر دے، تو جھوٹ، ایک خطرناک جھوٹ، کے زمرے میں آئے گی۔ کسی پیچیدہ تاریخ کو سادہ دکھانے، اسے اس کی باریکی سے محروم کرنے یا اسے ہتھیار کے طور پر استعمال کرنے کے نتائج بہت ہیبت ناک ہوں گے۔

بر صغیر میں رہنے والے ہم تمام لوگوں کے پاس یہ آزادی ہے کہ ہم انصاف کے ایک مشترکہ تصور کے حصول کی کوشش اور ہماری اجتماعی شناخت کو دیمک کی طرح

چاٹنے والے درد اور تکلیف کا قلع قمع کریں یا اس درد اور تکلیف کو مزید بڑھاوا دیں۔ ہندوستانی وزیر اعظم، ان کی سیاسی جماعت جس کے وہ سربراہ ہیں اور اس کی مادری تنظیم راشٹریہ سیوک سنگھ (RSS)، فسطائیت پر مبنی تنظیم جس کے وہ رکن ہیں، اس تکلیف کو بڑھاوا دینے کا فیصلہ کر چکی ہے۔ وہ ہماری خون میں لتھڑی ہوئی زمین کی انتڑیوں سے کسی بہت ظالمانہ وجود کو آواز دے رہے ہیں۔ ان کی بھڑکائی ہوئی آگ کسی طے شدہ علاقے کو نہیں جلائے گی بلکہ پورے ملک کو راکھ کر دے گی۔ اس آگ کی چنگاری کا آغاز ہو چکا ہے۔ ہندوستان اور کشمیر کے مسلمانوں کے ساتھ ساتھ مسیحی بھی ان کے نشانے کی زد میں ہیں۔ صرف پچھلے سال میں گرجا گھروں پر سینکڑوں حملے ہوئے، یسوع مسیح کے مجسموں کی بے حرمتی کی گئی اور راہباؤں اور پادریوں پر تشدد کیا گیا۔

ہم اپنے سہارے ہیں۔ کسی قسم کی امداد نہیں آئے گی۔ یہ یمن میں نہیں آئی، سری لنکا میں نہیں آئی، روانڈا میں نہیں آئی۔ ہم کس لئے یہ امید لگائیں کہ یہ ہندوستان میں آئے گی؟ بین الاقوامی سیاست میں صرف نفع، طاقت، نسل، معاشی طبقہ اور سیاسی جغرافیائی حقائق ہی اخلاقیات کا معیار ہوتے ہیں۔ اس کے علاوہ سب باتیں ایک عارضی کیفیت اور سائے کا رقص ہے۔

ہندوستان پر ایسے افراد کی حکومت ہے جن کا اقتدار ہزاروں مسلمانوں کے دن دہاڑے قتل عام پر، غیر حقیقی بنیادوں پر مبنی قتل کے منصوبوں، اور جھوٹ پر مشتمل حملوں (false flag attacks) کے ذریعے پیدا کئے گئے ہسٹیریا کی بنیاد پر قائم کیا گیا ہے۔ یقیناً اس نفرت کے کاروبار کی مخالف ہر ذات اور فرقے کے عام آدمیوں نے کی ہے۔ ان افراد نے جنہوں نے ترمیم شہریت قانون (Citizenship Amendment Act – CAA) کی مخالفت کی، کسانوں کی تاریخی تحریک نے، مغربی بنگال، تامل ناڈو،

کیرالا، اور مہاراشٹر اکی علاقائی سیاسی جماعتوں نے بھی، جنہوں نے ہندوستانیہ جنتا پارٹی (BJP) کا دوبدو سامنا کیا اور اسے شکست دی۔ یہ کہنا حق بجانب ہو گا کہ جو کچھ بھی ہو رہا ہے ہندوستانی عوام کی اکثریت اس کی حمایت نہیں کرتی۔

لیکن ان کی عدم حمایت زیادہ تر ان کی بدمزگی سے، لاپرواہی سے کندھے اچکانے سے، یا محض منہ پھیر لینے سے عیاں ہے جو اس فسطائی گروہ، جسے اچھی خاصی مالی مدد میسر ہے، کے پر جوش نظریاتی جذبے کے مقابلے میں یکسر بے اثر ہے۔ ہندوستان کی واحد حزبِ مخالف جماعت ہندوستانی نیشنل کانگریس، کسی قسم کا بھی اصولی موقف قائم کرنے کے لئے ہم میں محض کمزوری اور عدم اہلیت کو جنم دیتی ہے؛ اور عوامی جلسوں میں کی گئی تقاریر میں "مسلمان" کا لفظ بھی نہیں بول پاتی۔ مودی کا نعرہ "کانگریس مکت ہندوستان" یعنی کانگریس سے محفوظ ہندوستان در حقیقت حزبِ مخالف سے پاک حکومت کی پکار ہے۔ ہم اس صورتحال کو جو بھی عنوان دینا چاہیں جمہوریت نہیں پکار سکتے۔

جبکہ ہندوستان میں ایک بظاہر انتخابی جمہوریت کا تمام آرائشی سامان موجود ہے، یعنی ایک آئین جو ہمیں سیکیولر پکارتا ہے، سوشلسٹ مملکت، آزاد اور شفاف انتخابات، ایک آئین ساز اسمبلی جسے جمہوری طور پر منتخب کی گئی حزبِ اقتدار اور حزبِ مخالف چلاتی ہیں، ایک خود مختار عدلیہ، اور ایک آزاد میڈیا؛ حقیقت میں یہ ریاستی مشینری (جس میں کافی حد تک عدلیہ، سول سروس، سیکیورٹی فورسز، انٹیلیجنس ایجنسیاں، پولیس، اور انتخابی ڈھانچہ شامل ہیں) اگر مکمل طور پر نہیں تو کافی حد تک ہندوستان کی سب سے طاقت ور، فسطائیت پر مبنی ہندو قومیت پرست تنظیم، راشٹریہ سیوک سنگھ کے زیر اثر ہیں۔ 1925 میں وجود میں آنے والی راشٹریہ سیوک سنگھ (RSS) نے عرصہ دراز تک ہندوستانی آئین کو نظر انداز کرنے اور ہندوستان کو ہندو راشٹریہ، ایک ہندو قوم قرار دینے کی کوششیں کی ہیں۔

راشٹریہ سیوک سنگھ کے نظریاتی کارکنوں نے کھلم کھلا ہٹلر کی تعریف کی ہے اور مسلمانوں کو جرمنی کے یہودیوں سے تشبیہ دی ہے۔

آریائی نسل کی برتری اور بڑائی، یہ عقیدہ کہ کچھ انسان ربانی اور خدائی صفات کے مالک ہوتے ہیں اور کچھ انسانیت کے مقام سے گرے ہوئے، اچھوت، اور آلودہ ہوتے ہیں بہر حال برہمن عقیدے یعنی ہندو ذات پات کے نظام، جو آج بھی ہندو معاشرے کی ترتیب کا بنیادی اصول ہے، کی بنیاد ہے۔ یہ ایک المیہ ہے کہ انہی سب سے زیادہ مظلوم افراد میں سے بیشتر راشٹریہ سیوک سنگھ کے نظریے کے پیچھے یکجا ہیں اور پراپیگنڈہ کے طوفان کی نذر ہو کر اپنی ہی غلامی کے حق میں ووٹ دینے پر مجبور کر دیے گئے ہیں۔ ۲۰۲۵ میں راشٹریہ سیوک سنگھ کے سو سال مکمل ہو جائیں گے۔ سو سالوں کی پر جوش اور مشنری کوششوں نے اسے پہلے سے موجود قوم کے اندر ایک الگ مملکت کا درجہ دے ڈالا ہے۔ تاریخی طور پر راشٹریہ سیوک سنگھ کو مغربی ساحل کے برہمنوں نے مضبوطی سے اپنے زیر قابو رکھا ہے۔

آج یہ (راشٹریہ سیوک سنگھ) ڈیڑھ کروڑ افراد پر مشتمل ہے جس میں مودی، اس کی کابینہ کے کئی اراکین، وزرائے اعلیٰ، اور کئی گورنر بھی پائے جاتے ہیں۔ یہ اب ایک متوازی کائنات ہے جس میں دسیوں ہزار پرائمری سکول، اس کی اپنی مزدور کسان طلباء تنظیمیں، اس کا اپنا چھاپہ خانہ، ایک مشنری و تبلیغی ادارہ جو جنگلوں میں بسنے والے قبیلوں کو "پوتر" کر کے انہیں ہندو مت میں "واپس" لاتا ہے، عورتوں کی بہت سی تنظیمیں، کئی لاکھ افراد پر مشتمل مسولینی کے سیاہ لباس سے متاثر ہونے والے مسلح دستے اور سوچ سے بالاتر حد تک پر تشدد ہندو قومیت پرست تنظیمیں موجود ہیں جو شیل یا آفشور کمپنیوں کا کردار ادا کرتی ہیں اور (ساتھی تنظیم کے جرائم سے) قابل فہم انکار (plausible (deniability) کی سہولت مہیا کرتی ہیں۔

جیسے جیسے ہندوستان میں نوکریوں کا بڑھتا فقدان اسے معاشی بحران کی طرف دھکیل رہا ہے، ہندوستانیہ جنتا پارٹی تواتر سے امیر سے امیر تر ہوتی چلی جا رہی ہے اور اس وقت دنیا کی سب سے ثروت مند سیاسی جماعت ہے۔ اس نے یہ حیثیت حال ہی میں متعارف کروائے گئے گم نام انتخابی بونڈ کے ذریعے حاصل کی ہے، وہ بونڈ جن کے ذریعے (بڑے) سرمایہ دار اور (بڑے) تجارتی ادارے چپکے سے کسی بھی جماعت کو چندہ دے سکتے ہیں۔ ہندوستانیہ جنتا پارٹی کا ہاتھ وہ کئی سوٹی وی چینل بٹاتے ہیں جو (بڑے) تجارتی اداروں کی استعانت سے چلائے جاتے ہیں اور تقریباً ہر ہندوستانی علاقائی زبان میں پائے جاتے ہیں۔ ان ٹی وی چینلوں کی مشہوری سوشل میڈیا پر موجود دستے (ٹرول) کرتے ہیں جو غلط اور جھوٹی خبریں پھیلانے میں مہارت رکھتے ہیں۔

اس سب کے لئے ہندوستانیہ جنتا پارٹی (BJP) ابھی تک راشٹریہ سیوک سنگھ کی محض آڑ کا کام سرانجام دیتی ہے۔ اب قوم میں موجود (RSS) مملکت آڑ سے باہر آنے اور دنیا کے سامنے اپنی الگ جگہ بنانے کی کوشش کر رہی ہے۔ پہلے ہی بیرون ممالک کے سفیر جوق در جوق راشٹریہ سیوک سنگھ کے مرکزی دفتر میں سلامی دینے اور اپنی اسناد پیش کرنے کے واسطے پہنچنا شروع ہو چکے ہیں۔ امریکہ میں موجود اعلیٰ تعلیمی ادارے اخلاقی توثیق و تصدیق حاصل کرنے کی اس شدید کوشش میں اک نئے میدان جنگ کا کردار ادا کر رہے ہیں۔ خطرہ یہ ہے کہ اس تحریک کے رہنما اس بات پر یقین رکھتے ہیں کہ جو اصولی طریقے سے حاصل نہیں کیا جا سکتا اسے آزاد بے لگام سرمایہ دارانہ معیشت میں خریدا جا سکتا ہے۔

راشٹریہ سیوک سنگھ کی 2025 میں منائی جانے والی سو سالہ تقریب ہندوستانی

تاریخ میں ایک اہم سنگِ میل ثابت ہوگی۔ اس سے ایک سال قبل یعنی 2024ء میں عام انتخابات ہوں گے اور شاید انہی کی وجہ سے تشدد کی سرگرمیوں میں تیزی آئی ہے۔

اسی دوران مودی مسیحا ہر جا حاضر ہے۔ اس کا چہرہ ہماری کووڈ ویکسین اسناد پر، آٹے اور نمک کے تھیلوں پر جو حال ہی میں بے روزگار ہوئے افراد کو نوکریوں کی جگہ دیے جاتے ہیں، موجود ہے۔ لوگ کس لئے شکر گزار نہ ہوں؟

وہ لوگ جنہوں نے کثیر تعداد میں مردوں کے اجتماعی کریا کرم اور اتھلی قبریں دیکھیں اور پاک گنگا کو لاشوں سے بھرتے دیکھا، اور (کووڈ) وبا کی دوسری لہر کے دوران اس کے کناروں پر اتھلی قبروں کی قطاریں دیکھیں، کیسے نا اس سب پر یقین کریں جو ان کو بتایا گیا؛ کہ اگر مودی (مسیحا) نا ہوتا تو حالات اس سے بھی بدتر ہوتے؟

ہماری امیدوں کو داغا گیا ہے، ہمارے تخیل کو آلودہ کر دیا گیا ہے۔

اگر راشٹریہ سیوک سنگھ یہ جنگ جیت جاتی ہے تو اس کی بہت بھاری قیمت ادا کرنی ہوگی۔ کیوں کہ ہندوستان کا وجود ختم ہو جائے گا۔ انتخابات اس لہر کو واپس نہیں موڑ پائیں گے۔ واپسی کے لئے بہت دیر ہو چکی ہے۔ ہم میں سے ہر ایک کو اس جدوجہد میں شامل ہونا ہے۔ آگ ہماری دہلیز تک پہنچ چکی ہے۔

❋ ❋ ❋